गाँव के नाँव ससुरार मोर नाँव दमाद

(नाटक)

गाँव के नाँव ससुरार मोर नाँव दमाद

हबीब तनवीर

वाणी प्रकाशन

वाणी प्रकाशन
4695, 21-ए, दरियागंज, नयी दिल्ली 110 002

शाखा
अशोक राजपथ, पटना 800 004

फ़ोन: +91 11 23273167 फ़ैक्स: +91 11 23275710

www.vaniprakashan.in
vaniprakashan@gmail.com

GAON KE NAON SASURAR MOR NAON DAMAAD
by Habib Tanvir

ISBN : 81-8143-233-9
Play

संस्करण 2004
आवृत्ति 2012

मूल्य : ₹100

आर. टेक ऑफ़सेट, दिल्ली-110095 में मुद्रित

वाणी प्रकाशन का लोगो मक़बूल फ़िदा हुसेन की कूची से

भूमिका

छत्तीसगढ़ में शरद पूर्णिमा के दिन एक त्यौहार मनाया जाता है जिसे 'छेर-छेरा' कहते हैं। इस त्यौहार के दिन नौजवान लड़के अनाज और सब्ज़ी लोगों से माँगकर जमा करते हैं और बाद में पूरा युवक समाज त्यौहार के मौक़े पर पिकनिक मनाता है। त्यौहार के दिन झंगलू और मंगलू गाँव के दो लड़के शान्ति और मान्ती के साथ छेड़छाड़ करते हैं। इसी बीच झंगलू को मान्ती से प्रेम हो जाता है। मान्ती का पिता इस निर्धन लड़के के बजाए एक बूढ़े मालदार सरपंच से मान्ती की शादी कर देता है। झंगलू अपने मित्रों के साथ लड़की की तलाश में निकल जाता है। लड़के देवार जाति के लोगों का वेश बदलकर सरपंच के गाँव पहुँच जाते हैं। उसे छेड़ते और तरह-तरह से बेवकूफ़ बनाते हैं। इस समय गाँव में शंकर पार्वती की पूजा हो रही है जिसे 'गौरी-गौरा' कहते हैं। इस संस्कार में मान्ती भी शामिल है। झंगलू इस दौरान किसी तरक़ीब से अपनी प्रेमिका को भगा ले जाता है। नाटक प्रेम की जीत के गीतों पर समाप्त होता है।

– हबीब तनवीर

प्रथम प्रस्तुति - मोती बाग, रायपुर, 1973

पात्र परिचय

झंगलू	-	मदनलाल निषाद
मंगलू	-	लालू राम साहू
मान्ती	-	फ़िदाबाई मरकाम
शांति	-	मालाबाई सोनवानी
शांति का बाप	-	बाबूदास बघेल
बुढ़वा	-	ठाकुर राम
टेड़हा	-	मजीद ख़ान
देवार	-	बृजलाल लेंजवार
कोरस	-	बुलवा राम यादव, बृजलाल लेंजवार, देवीलाल नाग मालाबाई सोनवानी, फ़िदाबाई मरकाम, फूलू बाई, कौशल्याबाई सोनवानी, लालू राम यादव, जानकी बाई, मोहिनी बाई, दफ़री बाई, सुशीला बाई
हारमोनियम	-	देवीलाल नाग
तबला	-	अमरदास मानिकपुरी
क्लेरिनेट	-	जगमोहन कामले
मजीरा	-	मजीद ख़ान
ढोलक	-	गणेश प्रसाद
वेशभूषा	-	मोनिका मिश्र तनवीर
निर्देशक	-	हबीब तनवीर

लालू राम (बायें) और ठाकुर राम, बीच में बैठा हुआ भुलवा राम

फ़िदा बाई सिर पर टोकरी लिये

हाथ में चटका लिये चैनु और गयाबति करमा नाच में

पहला दृश्य

गीतः *बुढ़ूवा के देखेंव दाई ये बुढ़ूवा के देखेंव में सियानी हो*
गुनेला भइगे, ये बुढ़वा के देखेव में सियानी
दाई ददा पइसा के लोभी बुढ़वा सन रचे बिहाव...2
डोकरा सन रचे बिहाव रे भाई
हांसथे सब पारा परोसी, थोरको नई लजाये, अउ थोर को नई शरमाये रे भाई
कइसे के काटंथ दाई, कइसे के काटंथ जिंदगानी हो गुनेला भइगे।
पंच अउ राजा महराजा, येकर करो बिचारे, अउ येकर करो बिचारे रे भाई
ये भव सागर अगम भरे हे, में कइसे के उतरों पारे
ये भव सागर अगम भरे हे, में कइसे के उतरों पारे
दुखिया के सुनले वो दाई, ये दुखिया के सुनले मोर कहानी हो
....गुनेला भइगे ये दुखिया के सुनले ये कहानी

झंगलू : अरे मंगलू।

मंगलू : काये झंगलू।

झंगलू : चल छेर छेराय ला जाबो।

मंगलू : छेरी लेबर जाबे, कब से कसई पिला बनगे।

झंगलू : छेर छेराय बर यार, आज पूस पून्नी तिहारए।

मंगलू : देख संगी में जाय बर तो जाहूं फेर, तिहार न बार तोर मुख ला टार कही त ठीक नई हो ही।

झंगलू : अरे सुनइया तो मैं हव, तेहा तो चल।

मंगलू : अइसे तो चल *(दोनों कंधे पर कांवर रखते हैं)*

झंगलू : देख संगी में जइसन कहू वइसने तहूँ कहिबे, ताहले झोरा भर जही फेर दूनो झन छकत ले खाबो।

मंगलू : ठीक हे में कहि देहूँ।

झंगलू : छेरी के छेरा छेर मरकनीन छेर छेरा।

मंगलू : *(जम्हाई लेता है)* अं है है

झंगलू : लेना का जी।

मंगलू : ते कहि डारे।

झंगलू : मोर तो कब के सिरागे।

मंगलू : अरे में तुकत रहिगेंव।

झंगलू : अब जल्दी कहिबे।

मंगलू : हव चल।

झंगलू : छेरी के छेरा छेर मरकनीन छेर छेरा।

मंगलू : बारा तेरा...

झंगलू : वाह रे मुनीम के बच्चा, छेरी के छेरा का कथों ता बारा तेरा कथे।

मंगलू : का कहना है ?

झंगलू : छेरी के छेरा छेर मरकनीन कहना हे।

मंगलू : छेरी के छेरा।

झंगलू : छेर मरकनीन छेर छेरा, भइच तो गे।

मंगलू : अब के दारी कहि देहूँ।

झंगलू : छेरी के छेरा छेर मरकनीन छेर छेरा।

मंगलू : मिठई पेड़ा...।

झंगलू : चल हलवाई घर चासनी में तोर मुड़ी ला बोर दे रहूँ, ताहले जींदगी भर खावत रहिथे। छेरी के छेरा केहे घर छोड़ देहे अउ खाए खाए के ला लगाये रथे।

मंगलू : भुख लागथे न यार।

झंगलू : झोला ला भरन दे ताहले पेट भर खाबो।

मंगलू : अइसे ता चल यार अब शुरू कर।

झंगलू : छेरी के छेरा छेर मरकनीन छेर छेरा।

मंगलू : पक्का केरा।

झंगलू : बने नीछ के ओइला ले राह।

मंगलू : काबर खिसियाथस यार।

झंगलू : नहीं तोर चुमा लेहूँ, जल्दी का यार कहिबे त बिल्होरथे। अध कहिबे।

मंगलू : कहि देबो।

झंगलू : छेरी के छेरा छेर मरकनीन छेर छेरा।

मंगलू : इही मेर खड़े हन मंडलीन लान दे राह।

झंगलू : ओला काबर बलाथस।

मंगलू : वोहा नई दिही, खड़े ख्याड़े गोड़ पिरागे।

शान्ति : ये मान्ती।

मान्ती : काये या शान्ति।

शान्ति : आज पूस पुन्नी तिहार ए का या।

मान्ती : पूस पुन्नी तिहार होतिस तो कमें नई जानतेंव।

शान्ति : वही दे तो टू रा मन चिल्लाथे।

मान्ती : कहाँ वो।

शान्ति : वही दे।

मंगलू : *(दोनों)* छेरी के छेरा छेर मरकनीन छेर छेरा।

मान्ती : अई ये मन ला कहिथस या येमन तो मोला मगइया असन दिखथे।

शान्ति : अई ये मन भिखमंगा ये वो।

मंगलू : झंगलू में घर जाथे।

झंगलू : काबर।

मंगलू : मैं भिखमंगा असन दिखथों।

झंगलू : कहवइया ला कहन देगा, सुनइया के घर भर थे।

मंगलू : अच्छा तीन मंजिला वाले बनाबे।

झंगलू : तेहा तो चल।

दोनों : छेरी के छेरा छेर मरकनीन छेर छेरा।

मान्ती : ये मन, ते छेर छेरा मंगइया ये कथस ता ये ओरमें ते का बहिनी।

शान्ति : मोला तो गरूवा खाल असन दिखथे।

झंगलू : *(मंगलू झोले को सूँघता है)* अउ सुघथे, अइसे टांग देतीस तेहा।

मान्ती : अर्र वहादे टांग दीस बाहिनी आ बुलकबो।

मंगलू : तहूँ बुलकजा।

झंगलू : एक बार अउ बुलको।

मान्ती : काबर गा।

झंगलू : येमा फायदा हे, भगवान हा बाल बाल बच्था देथे।

मान्ती : अई ताजिया ये गा।

झंगलू : उही समझ के बुलकत हो।

मान्ती : उही ला पहिली ले नई बताय रहिते।

मंगलू : अओ बाई ये कांवर ये।

शान्ति : अई कांवर ये काथे या।

मान्ती : त कस गा येमा का का धोहिथों।

मंगलू : ये मा दार, चाउर, लकड़ी।

झंगलू : पेरा भूसा जेला पाथन उही ला बोही लेथन।

शान्ति : ले ना गा एकनी महूंला बोही लेव।

मंगलू : अरे ददा रे।

झंगलू : बिलकुल अल्लर घराना केस। अइसे एकनी खसकाय रहिते तो अभी पता चल जतीस।

मंगलू : ते फुरती घराना केस तो तिही नई खसकाय रहिते।

झंगलू : मोर पास टाइम कहाँ है।

मंगलू : हव टाइम मोर करा हे।

झंगलू : चल हटा, छेरी के छेरा छेर मरकनीन छेर छेरा।

मान्ती : चल या बानी में बानी हे हमू जाबो।

शान्ति : चल, धनी रे पुन्नी रे ठबक नाचे डूवा डूवा रे बार।

दोनों : मंगलू हेर ले हेर ले, वाहदे वाहदे। धत तेरे कहाँ के।

झंगलू : मंगलू ये मा के बैगन कहां गे।

मंगलू : में नई जानो।

झंगलू : एवो एमा के बैगन ला निकाल लेव।

मान्ती : हम तोर बैगन ला काय करबो गा।

झंगलू : बिजहा बर धर लेहू।

मान्ती : हमर घर तो वारी बखरी नइयेगा।

मंगलू : तुम्हर का ठिकाना कोलकी में लेग के खोंच देहू।

मान्ती : कस या तै उकर बैगन ला धरे हस का।

शान्ति : नई धरो मेंहा कहां धरे रेहेवगा।

झंगलू : ये झोला में धरे रेहेन।

शान्ति : देखा भला।

झंगलू : देख ले।

शान्ति : ये मा तो माढे के जगह नइये, ये तो आल पाल हे गा।

मंगलू : आल पाल हे, राह भला *(देखता है)* अरे हव रे ये तो झोरा नोहे नबोरा नोहे ये तो हबीब साहब के पजामा ये रे।

झंगलू : अरे धोखा होगे वो जल्दी में निकलेन न ते पाय के।

मान्ती : धोखा होगे, ये गा ये हमला ते चोट्टी घराजा के समझ ले हस।

झंगलू : हव जी में ये ला कुछू समझे हव।

मंगलू : अभी तो कोशिश करथन।

मान्ती : हमर घराना में अड़बड़ चीकजी।

झंगलू : तभेच तो में फिसल गे रेहेव।

मान्ती : कहाँ फिसल गे रेहे।

झंगलू : बाथरूम में।

मान्ती : वइसन नई काहव गा, हमर घराना में खाये के, दीपे के अड़बड़ चिकनी।

मंगलू : ये नहाए के बेर गिरीस तेला बताथे।

मान्ती : टार तोर थोथना ला।

दोनों : छेरी के छेरा छेर मरकनीन छेर छेरा।

मान्ती : चल या हमू जाबो

शान्ति : चल, धनी रे पूनी रे ठबक नाचे डूवा डूवा, धनी रे ठबक नाचे डूवा डूवा।

मंगलू : अरे बंद कर ये का डूवा डूवा लगाए हो।

मान्ती : तुम्हर का छेरी के छेरा।

मंगलू : छेरे के छेरा छेर मरकनीन छेर छेरा। अउ तुम्हर काये।

मान्ती : हमू धनी पूनी के मतलब ला बतात हन।
ठमक नाचे डूवा ठमक नाचे डूवा।

गीतः *धनी रे पूनी ठबक जाए डूवा, गा, धनी रे पूनी ठबक नाचे डूवा*
अंडा के घर बनाए पथरा के गुड़ी छै छै मोटियारी नाचे माझा मा बूड़ीगा
धनी रे पूनी ठबक नाचे........
कारी कुकरी करकराये कुसियारी सेवे
बुढ़िया ला मानुष मिले, मोटियारी रोवेगा
धनी रे पुनी....

[गीत का बीच-बीच में मतलब पूछते हैं]

दोनों : झंगलू छेरी के छेरा छेर मरकनीन छेर छेरा, अउ नई दीही जो जबरदस्ती हेर हेरा।

मान्ती : हाय सुनेया काय किहीस तेला।

शान्ति : काम किहीस या।

मान्ती : छेरी के छेरा छेर मरकनीन छेर छेरा, अउ नई दीही जो जबरदस्ती हेर हेरा कथे।

मान्ती : त ये मन काकर घर केला जबरदस्ती हेर लिही वो *(टोकरी से मारती है)*

झंगलू : मंगलू।

मंगलू : काये।

झंगलू : ये बेचारी अपन घर में कहीं रहय फेर मोला एक टूकना भर के

दीसे।

मंगलू : अच्छा करिस।

झंगलू : येमा के आधा ला तहूँ रख तो।

मंगलू : नहीं मोर करा जगह नइए भैया।

झंगलू : मोर करा हे।

दोनों : मंगलू, माटी के देवता पूजे ला घेंटा गिर परीन महतारी बेटा छेर छेरा—

शान्ति : सुने या काय किहीन तेला।

मान्ती : में नई सुन पायेव या।

शान्ति : माटी के देवता पूजे ला घेंटा कथे ता
दुनिया के माटी के देवता बनाथे बहिनी पूजा करे बर, फेर ये घंटा का होही।

मंगलू : सुअर ला कथें।

मान्ती : आखिर सूरा खबइया ताव रे रोगहा हो।

झंगलू : मिठाही तो काबर नई खाही।

मंगलू : बिटामिन बी रथे।

शान्ति : अउगिर परीन महतारी बेटा कथें, त येमन काकर बिगाड़ ला करही वो।

[टोकरी से मारती है झंगलू अपना पैर दबाता है]

झंगलू : ये दाई दाई दई...

मंगलू : दबा ले दबा ले मोला आनंद मिलथे संगवारी। आज तक में बिजली में करेंट देखे हय, संगवारी में करंट नई देखे हव।

झंगलू : का होगे तेमा।

मंगलू : में तोला पूछथों, बिमार में पड़हू अउ दबाई ला तै खालै।

झंगलू : में काबर खाहूं।

मंगलू : मार तो ए तरफ पड़े हे, ओ तरफ कइसे दबथे।

झंगलू : डर के मारे।

मंगलू : धर तो काबर ला रे।

मान्ती : ला तो टूकना ला वो।

झंगलू : अरे चल यार इंकर आदत ठीक नइये।

दोनों : छेरी के छेरा छेर मरकनीन छेर छेरा।

शान्ति : मालती चल या हमूमन जाबो।

मान्ती : जाय बर जातेन फेर मोला तो बने गाना गाय बार नई आय।

शान्ति : चल न मैहर तो हव।

मंगलू : *(गीत शुरू होता है। मंगलू कहता है)* झंगलू वहादे मोला गोरिया गोरिया काहथे रे।

झंगलू : डामर असन करिया दिखथें तेला कही, वो मोला काहथे।

गीतः

हो साँवर गोरिया, हो साँवर गोरिया
घेरी बेरी करत हे सिंगार सँवर गोरिया घेरी बेरी करत हे सिंगार सँवर......
वाहक मदुवा के कोई बाते न पूछो......2
नश, नश चढ़ये खुमार सँवर गोरिया.....
आज सजन घर में होली मची है.........2
भर भर मारे पिचकारी हो सँवर गोरिया...........
आज सँवर गोरिया करे रे सिंगरवा..........2

मान्ती : सिंगार में का होथे बहिनी
ये छतिया ला मारगे कटार साँवर गोरिया.....

[एक लड़का आता है साथ और देने फिर तीनों ददरिया गाते हैं]

लड़का : माखुर रे बारी चरेला पोंई वो, एको घड़ी नई तो देखव रे दोष जरथे कोई वो ये बिचारी अरे होरे लेजा लान देबे दोष।

शान्ति : गेये ला जंगल काटेला कोटनागा, तै तोकबके गवइया उतारू थोथना।

मंगलू : नवारे धोती किनारी रखना वो, हम तो रहिथन अबो बाई नांदगाँव में दोष ये चिन्हारी रखना वो ये बिचारी....

अगा बाबू : ये-ये बिचारा।

लड़का : मुड़ेला कोरे लिये ला लाली गा, सुरता ला झन करबे आवथो

काली अरे होरे ले जा लान देबे ओ।

झंगलू : पाँच के लगइया पचीस लग जाए बिना लेगे नई तो छोड़थ चाहे पुलीस लग जाय ये बिचारी...

मान्ती : नवारे छानी फरेला रखिया गा, ददाभर ला सुतज दे ताहले भगाबो रतिहा गा।

[बाप का प्रवेश]

बाप : याहदे उतियाईल लइका ला तो देख।

मान्ती : का होगेगा।

बाप : अउ का होगे कथस को।

शान्ति : सबो मिल के तो गाथन बबा।

बाप : तुमन गाथो तो गाव हमर लइका ला झन बिगाड़ो। चल घर में बेटी लइकई बुध काम नइ देय। ये टूरामन ला कोन सकेले हे।

शान्ति : हमन का जानबो ओला। *(बाप लड़कों की तरफ़ देखकर)*

बाप : तुमन काकर, काकर घर के लइका अव रे इहां जुरियाव हव तेमन परही लाठी तो अपन बाप ला बला के ले आनले। टू री मन ला ददरिया गाय बर सिखोथो तनजतिया हो।

झंगलू : हमन कहाँ सिखोथन, हमन तो खुदे सिखथज नई जी।

मंगलू : हव जी कतेक सुंदर गात रिहीन बिचारी मन।

बाप : तभे सकलाय हो तुमन।

झंगलू : येहा तोरे नोनी ये।

बाप : हमर नोनी नोहे तब का दूसर के नोनी घर खिसियाबो रे।

झंगलू : नहीं अच्छा ददरिया गाथे कथों मेहा मानती नाव हे ओकर।

बाप : मान्ती हो के शांति चाहे क्रांति तोला का करेला हे, अच्छा ओकर ददरिया पसंद आगे हे।

झंगलू : नहीं उहू पसंद आगे हे।

बाप : अइसने कहिबे तो हकले दे देहूँ मेहा।

मंगलू : ओखर बिहाव कर देना।

बाप : तेहा तियारे ला आय हस रे। देहूं जमड़ाला ते दांत हा झर

जाही।

झंगलू : नहीं सियान, ओकथे नोनी हा ददरिया गाय ला धर लेहे, बिहाव ला कर देते तो अच्छा हो जतिस।

बाप : तेला तै हमला सिखोय ला आय हस, तोर सिखोय के ला इक होगेंव रे। नानचुक मुँह में बड़े बड़े बात करत हस, बड़ा संसो वाले अस ना।

झंगलू : मैं कर लेहूँ....तोर मरजी आही तब भई।

मंगलू : ए सियान, ये लड़का तोला पसंद नइये तो मोर संग बिहाव कर दें।

बाप : तोरो जातरी आय हे, बूढ़ा गेंव तो का होइस तुम्हर दोनों झनसन पूरौ रे।

लड़का : बबा तोला ये दूनो लड़का पसंद नइये तो मैं बिहाव कर लेथों।

बाप : तहूँ बाँच गेह एक उम्मीद वार रे, तोरो बर पूरौं रे।

[बाप को अलग उठा लेते हैं]

लड़का : अरे अरे भाई रे जगन्नाथ के तीर भैया लंबे पेड़ खजूर
चढ़ने वाला तो चढ़गे संगी, गिरे तो चकनाचूर।

माय : सियान आदमी ला मार डारहू रे। शादी बिहाव ददरिया में होथे के घर में होथे रे, पइसा लागथे बाबू ए नोटे पुतरी पुतरा के बिहाव।

झंगलू : में दे दूहूँ।

बाप : का दे देबे रे।

झंगलू : तोर नोनी मोला पसंद आगे हे, ओखर खातिर में अपन घर ला फूँक दे हूँ।

बाप : फेर अइसने बात करे ते हा।

लड़का : वाह देहूँ ते देख डारले। तेहा सिहान संग काबर गुजोरी करत हस काहत तो हे बिचारा हा, भांठा में नई होय घर में होही कहिके।

बाप : भांठा में होय न घर में होय जी पइसा लागथे।

झंगलू : पइसा लेबे।

लड़का : ओहो कहि तो दीस, सियाज हा पइसा लागथे कहिके, चल हमन पइसा जोड़ के आधो, सियान ये लड़का ला चीन्ह ले राह, ये तोर ससुर होबइया हे जा पाव परले।

[तीनों चले जाते हैं]

दूसरा दृश्य

गीतः *सेमी के मढ़वा कुंदरवा के झूले वो जेही तरी गोरी कुटे धाने...2*
भौजी ला केहंव भौजी हमार वो सुना भौजी बातें हमारे.....2
अमली के गोजा चड़ा चड़ पारे, ढमकत जाबो ससुराले.....2
जाये वार जाहूं भौजी मैं ससुरारे वो जल्दी भेजाबे लेन हारे....2
भेजे बार भेजहूँ नोनी मैं लेन हारे, वो नदिया छेंके हे बइमाने...2
नदिया ला दइबो वोकरा अउ भेड़वा वो डोगा में सेन्दुर चढ़ावो...2
अमली के गोजा चड़ा चड़ पारे....

बुढ़वा : सगा पारा हावबजी।

बाप : हावन, हावन, कोनो जी

बुढ़वा : सगा अन सगा।

बाप : जोहार लेव।

बुढ़वा : जोहार ले ददा जोहार ले।

बाप : कोन गाँव रहिथस गा।

बुढ़वा : बहुत दूर ददा।

बाप : फिर भी।

बुढ़वा : *इज बना बीज बना पाए लूरे तीन जना,*
थुके तो कौड़ी होय बिने तो लउड़ी होय
सुकखा लकड़ी ढाव ले करे बुढ़वा भालू हांव ले करे, अतेक जम्मो गाँव ला नाहक बे तब मोर गाँव में पहुँचबे।

बाप : ओहो बहुत दूर हेगा।

बुढ़वा : दूरिहा हे ददा।

बाप : तोर गाँव के नाँव का हेगा।

बुढ़वा : मोर गाँव के नाँव ससुरार हे ददा।

बाप : अच्छा में समझगेव, उहां घर जबई होब।

बुढ़वा : में तोला घर जबई रेहे के लाइक दिखथों।

बाप : ते अभी नई बताय हस जी ससुराल में रहिथों कहिके।

बुढ़वा : ते अभी का पूछे हस।

बाप : तोर गाँव के नाँव ला। पूछे हव।

बुढ़वा : में का तोर बड़े ददा के नाँव ला बताथों।

बाप : काबर खिसियायस गा।

बुढ़वा : गाँव के नाँव ला बताय हौ दादा गाँव के नाँव ला, खास गाँव के नावहे।

बाप : होही, अउ तोर का नाँव हे।

बुढ़वा : मोर दमाद नाँव हे ददा।

बाप : कोन तोर नाँव ला लेत होही जी।

बुढ़वा : जेकर नाथ रही तेला नई लिही,

बाप : तबले भई बहुते अलक रहा हे।

बुढ़वा : में समझ गेंव सगा, में कहूं दमाद कहिके बलायव तो तुरते बिदा करो कहीं कहिके डरावथो।

बाप : अरे डर के बातचे हे।

बुढ़वा : में तोला पूछथे आदमी के कहूँ गणेश नाँव हे तो का सवेरे ठंडा कर देबे।

बाप : नहीं।

बुढ़वा : अरे भई जेकर नाथ रही तेला लेव ला पड़ये।

बाप : हमर घर कइसे आय हस।

बुढ़वा : लड़की खोजे बर....ये लड़की खोजे बर।

बाप : तोर जबान कुछ लटकथे का।

बुढ़वा : का करबे ददा सियानी आँखी में नई चबाय।

बाप : चबाय नहीं के सुनाय नहीं।

बुढ़वा : हौ उसने दादा नई सुनाय।

बाप : अच्छा छोकरी खोजथस।

बुढ़वा : हव...

बाप : काकर बर ए गा।

बुढ़वा : घरे बर ये।

बाप : नाती होही।

बुढ़वा : नाती घलो हे। जी

बाप : पढ़े लिखे होही।

बुढ़वा : अव्वल नंबर हेगा।

बाप : का पढ़े हे।

बुढ़वा : नांती बताइस तेला का ताथो तीन चार ठन गिलासे अउ तीन चार इन मुड़वा लोटा अभी हाल में बटलोही में चढ़े हव बबा काहत रिहीस।

बाप : अभी जावे न तब तोर नाती ला चेता देबे।

बुढ़वा : का पाय के।

बाप : बटलोही उनडछूँ होथे गिरही तो दांत टूट जही।

बुढ़वा : नई लागे तुरते सार्टीफिकट मिल जाही किहीस।

बाप : लड़की हावेन गा।

बुढ़वा : ले बिइदा करौ।

बाप : काला बिदा करही, पहिली लड़की ला देख ले पसंद कर ले तब बात शुरू होही।

बुढ़वा : निकालो हम पसंद कर बो।

बाप : मान्ती आ तो बेटी, सगा आय हे एक लोटा पानी ले आ।

[मान्ती पानी लेकर आती है बुढ़वा के पास रख कर पैर पड़ती है]

वही दे खड़े हे दे दे।

मान्ती : एले बाबा पानी, पाथ परथों।

बुढ़वा : खुशी राह नोनी चूरी हमर राहय।

मान्ती : ते कोन गाव रथस बाबा।

बुढ़वा : में ससुरार रथों नोनी।

मान्ती : अई तोर ससुराल रथे ददा।

बाप : अरे अपन गाँव के नाँव ला बताथे वो।

बुढ़वा : गावेंच के नाँव ला बताथो, कझाय परत हस।

मान्ती : अउ तोर का नाँव हे बबा।

बुढ़वा : झन पूछ वो।

मान्ती : काबर।

बुढ़वा : तोर ददा हा पूछ लेथे अउ खिसियाथे।

मान्ती : वो वइसने तहसील के आदमी हे।

बुढ़वा : हम कभू तहसील नई देखे हन, दुर्ग तहसील देखेन, रायपुर तहसील देखेन, राजनांदगाँव तहसील देखेन, ये तहसील ले तोर ददा के तहसील हा बड़े हे।

मान्ती : वो गरमाहा तहसील के आदमी हे।

बुढ़वा : जाही बियाहा चुरी असन छाड़ ही।

मान्ती : लेना बबा बता ना तोर का नाँव हे।

बुढ़वा : अओ नोनी जेकर नाँव रथे मेला वोला लेएच ला पड़थे, फलाना ला बलाबे त ढेकाना थोरे आ जाही, में गलती काहथों ते मार जूता में मोला कहाँ जाथस वो।

मान्ती : जूता खोजे वर।

बुढ़वा : हाय बाप रे कतेक बड़ नियाइक घर आय हों, भाग ले में देख परेंव नइतो कोन जनी कतेक ला गीन डार तीस ते, अओ नोनी बात ला कथें नई मार दें।

मान्ती : लेना बना बता ना।

बुढ़वा : मोर डउका नाँव नोनी।

मान्ती : तोर गाँव के मन अइसने बलात हो ही।

बुढ़वा : नई बलाहीं हम जे गली में जाथन कहाँ जाथस गा श्रीमान पति

देव, मिस्टर हस्बेंड कथे।

मान्ती : अई अई अउ तोर घर में तोर बहिनी हा।

बुढ़वा : अरे एकर आदत ठीक नइये निकालो येला।

मान्ती : तोर आदत ठीक नई टार में तोला पानी तक नई देंव। अरे अरे पानी ला घलो लेगे।

बाप : ये डाहर आतो में तोर नीद ला पारहूँ।

बुढ़वा : नई लागे ददा में खूब सुत के आय हव।

बाप : उठे होबे ताहले मोर मुहाटी दीखिस डोही डगडग ले, ये जो अभी लड़की देखे हरा वो मोर लड़की ये।

बुढ़वा : देखे में काहत रेहेंथ, कोई उकील बरिस्टर घर के हो ही कहिके।

बाप : तोला विश्वास नई होथे, ये तो मोर लड़की ये जी।

बुढ़वा : होही ददा, नई जाने जाय माई के पेट अउ कुम्हार के आवा।

बाप : अभी ले विश्वास नइये ये लड़की हा खुद मोरे लड़की ए।

बुढ़वा : अच्छा अच्छा ये ला आपे मन पैदा होय हो।

बाप : तोर जात्री आय हे अउ कुछू नहीं। अरे अइसने केहे जाथे।

बुढ़वा : चाहे लइका काकंरो होय।

बाप : लड़की तोला पसंद हे नहीं जी।

बुढ़वा : हव पसंद हे ददा,

बाप : ले ता बातचीत शुरू करो।

बुढ़वा : का भाव लगाय हव।

बाप : अभी जो लड़की देखे हस तेकर।

बुढ़वा : हहो।

बाप : रूपीया के चार किलो तोला पसंद हे।

बुढ़वा : सस्ती हे।

बाप : बात करने का तमीज नहीं लड़की खोजने निकल गये, एकर बर रूपीया दस हजार लगही।

बुढ़वा : तोला केहेबर नई आइस, ये लड़की बर में बीस हजार रूपीया एती वोती बगरा देहूँ का समझती रहता हस।

बाप : बीस हजार रूपीया देवइया के शकल हा दिखथे।

बुढ़वा : अभी शकल कहाँ देखे हस काहत लागे गाँव के सरपंच।

बाप : तोर सरपंची ला अपन गांथ में चलाबे। देखा भला रूपीया ला।

बुढ़वा : अभी देखात हन फालतू आय हन का *(अपनी कमर में ढूँढ़ता है)* ये मेर पइसागिरीस तेला उठा लेस का।

बाप : ये मेर कहाँ पइसा गिरे हे लबरा।

बुढ़वा : अभी गिरीस तेला रख ले धर लीस चोट्आ कहिके।

बाप : चोट्टा बोट्टा मत का एले तलासी कर ले।

बुढ़वा : अरे यहादे हावेद दा बाजू में खसक गे रिहीस।

बाप : समझ के बात करे कर नई तो ठीक नई होही।

बुढ़वा : मैं चोट्टा हव बस।

बाप : दे हांथ में झोंकबो।

बुढ़वा : हांथ में झन झोक।

बाप : काबर।

बुढ़वा : हाथ में झोकबे तो हाथ टूट जाही।

बाप : देखा भला दे खबो।

बुढ़वा : झन देख।

बाप : काबर।

बुढ़वा : आँखी में देखबे तोर आँखी फूट जाही।

बाप : कसगा ते तो वो नोट ला धरे धरे घूमत हस त तोर हांथ नई टूटे हे न तोर आँखी फूटे हे।

बुढ़वा : अरे हव सगा में तोला बताय बर भुलागे रेहेव, ये सरकारी नोट ए एकर कानून कायदा अलग हे।

बाप : कइसे जी।

बुढ़वा : ते अभी पहिरे हस कुरता ते कर जेब में एला रख देंथव, अऊ ये कुरता लातेहा जहाँ खाना बनाथे न ऊहाँ छै महीना ले टांग देवे, ऊँहा ले उतार के तुरंत हंडी में तीन दीन तक खूब खौला देना, तेकर बाद ओला धोबी घाट ले जाना अउ दे कचई दे

कचई ताहले ये हा तुरते चिल्हर हो जाही।

बाप : अइसे, तब येदे रख पाकीट में।

बुढ़वा : दे बीस हजार के नोट ए ददा, रख देहव पाकीट में, अतेक बड़मंडल जरहा बिड़ी नइये।

बाप : बातचीत तो होगे, अउ बरात कब आही।

बुढ़वा : बरात के बात अइसे ददा, सुक शनिचर मंगलवार अउ बूधू के तरवा में दीया बार।

बाप : अउ कहूँ बूधू हा रेंग दी ही तब।

बुढ़वा : अरे लगीन ला डोला दीही साला हा। पंड़री बुधवार के बन ही ददा।

बाप : वन जही, फेर देख जब बरात लेके आबे न तब अच्छा बाजा गाजा फौद फटाका के साथ आवे।

बुढ़वा : बिलकुल नान्हे पोटा के आदमी अस जी। काहत लागे गाँव के सरपंच नान मुन के बारात आही, नौ जोड़ी बाजा घटकत आही आही अउ बांही जानस ना काही।

बाप : जानस न कांही ये काये।

बुढ़वा : पार्टी वाले मन के नाव हे।

बाप : अच्छा पार्टी है भाई।...देख भई में तोला सियान जान के अपन लड़की ला देथव, अउ तोर घर जाके कहूँ दुख पाही तो मोर ले खराब आदमी कोई नई होही।

बुढ़वा : अरे राम राम, तोर लड़की के गोड़ में कहूँ काँटा गड़ जाही तो ओला सुजा में गोभ के निकाल देहूँ।

बाप : बस यही चाहत हो।

बुढ़वा : अउ दहेज में का का देहू।

बाप : मोर तो एक झन बेटी ये सबो धन ला तो उही खाही।

बुढ़वा : बास तो स्टाम में लिख के निकल जाव।

बाप : काला, मरे के बाद खाही।

बुढ़वा : तां कब तक मर जहू।

बाप : आठ दिन में कोनो दिन मरनाच हे।

बुढ़वा : हम इंतजार करबो ददा। तभो ले मंडवा सोभा एक दू ठन के नाव ले देतेव।

बाप : एक ठन तो बाईसिकल देहूँ।

बुढ़वा : ओकर दुनो तरफ घंटी लगवा देहू।

बाप : काबर।

बुढ़वा : मोर कोई ठिकाना नइये, कोजनी कब कोन डाहर रेंग देहूँ। जे तरफ जाहूँ ठिनिन ले बजा हूँ।

बाप : लगवा दे हूँ। अउ एक ठन रेडियो।

बुढ़वा : फाइप बैंड के अउ ओमा टेप लगे राहय, जब भी गोठियान तो ओमा भरा जाय दे दूहूँ का हो ही।

बाप : अउ एक ठन घड़ी।

बुढ़वा : घड़ी दू ठन लागही ददा, एक ठन छोटे वाला जेला हांथ में बाधहू अऊ एका ठन बड़े वाला।

बाप : बड़े वाला काबर ?

बुढ़वा : ओला गला में अरोहू अऊ जब वोहा अलारम देत चलही न तब लोग बाग कहीं वो देखो सरपंच के बरात जा रहे हैं।

बाप : दे देहूं मोर कुछ नई बिगड़नेवाला है।

बुढ़वा : ये दे अब बातचीत पक्का होगे, अब तुम तैयारी करो अउ हमर से कोई गलती होगे होही तो हमला माफी देहू *(बाप के पैर पड़ता है)*

बाप : सियान होके ते कइसे पाँव पड़यस गा।

बुढ़वा : अरे भई अभी तुम्हर सामने में हम बच्चा हन *(चला जाता है)* **[तीनों लड़के आते हैं]**

लड़का : घर में हव जी।

बाप : हवन, हवन। जोहार लेव, बैठो बैठो माचीस आन तो बेटी, बिड़ी जलाय वर।

लड़का : जोहार लेव। बैठो रे। *(झंगलू मान्ती की तरफ़ जाता है)*

बाप : ये तरफ नई बइठस खरत रिहा, वाहा हमर बेटी तरफ जावथे लेव जी गोठियाव।

मंगलू : येला चिन्हत हो सियान।

बाप : चिन्हडारेंव।

लड़का : ये हम का सुनत हन।

बाप : का सुने हव।

लड़का : तै हा लड़की के बातचित दूसर संग पक्का कर दे।

बाप : तुम्हर करा पइसा हे तो बात करो जी। अभी लड़की तो मोर घरेच में हे।

मंगलू : पइसच पइसा लगाए हे लगरा कहाँ के।

लड़का : चुप रे कह तो दीस सियान हा, चल उठ पाँब पर, ये हा तोर ससुर होवइया हे। समझ ले तोर ससुर होगे। हमन पैसा लेके आवथन सियान, ये बालक ला बने अउ चिन्ह ले।

[झंगलू पैर पड़ता है और चला जाता है। दूसरी तरफ़ से बुढ़वा बरात लेकर आता है]

बुढ़वा : सगा हो सगा...

बाप : जोहार लेव, जोहार लेव।

बुढ़वा : बरात आगे ददा, बरात आगे।

बाप : तो अइसे करो बस्ती के बाहर भांठा हे न उहीचें बराति या ला बैठारो, अउ मोटर गाड़ी सब ला वहीं ढील देव। हम पानी पानीं पियायेधरवर आवथन।

बुढ़वा : बरतिया के नाव सुन के मोला धक ले लागथे।

बाप : कइसे जी

बुढ़वा : का करबे ददा सरपंच के बरात ला सुनीन ते वोह पूरा गाँव भर उमड़गे।

बाप : बरात आय बरजी।

बुढ़वा : हौ ददा खाली गावेच हा नाहीं, सब नदिया धलो उमड़गे सब नदिया में बाढ़ आगे बरतिया मन सब ठही पाए छेकागे ददा।

बाप : बरतिया मन नई आय हे गा।

बुढ़वा : उही पार हे ददा।

बाप : त कस गा उही बरातिया में तो तहूँ रेहे होवे,

बुढ़वा : रेहेव ददा रेहेव।

बाप : फेर ते कइसे आगे।

बुढ़वा : प्रधानमंत्री ला तुरते दरखास्त लिखेव।

बाप : वाह प्रधानमंत्री करा तोर पहुँच हे।

बुढ़वा : तजी...में केहेथ सरपंच के बरात रुकने वाला हे तोर का कहना है। वाह मोर दस्तक ला देखीस ददा, प्रधानमंत्री थर खागे, तुरते हेलीकलप्टर भेजीस वोदे वही में बैठ के आवथों।

बाप : तो उही में सब बरतिया मन ला नई बैठार लेतीस गा।

बुढ़वा : नई बैठे किहीस, जौन हा सरकारी आदमी होथे उही बठही, कहू दूसर हा बैठही तो भरस ले गिर जथे किहीस। मोला गिराना थोरे ददा।

बाप : हव तोला तो अभी उठाना हे गा। हम रो गाँव में एक ढन नियम हे।

बुढ़वा : का नियम ?

बाप : बिना बाजा के परघनी नई होय।

बुढ़वा : बाजा आय हे, उही पार ले बाजत हे, वही दे।

बाप : कहाँ गा।

बुढ़वा : ये...बो दे। क्या सुंदर बोल बजा रहे हैं।

बाप : मोला तो कहीं नई सुनाय।

बुढ़वा : वोहो तै तो भैरी हस। वोदे देख।

बाप : अरे बजवाबे ते बजबा जी।

बुढ़वा : बजाहू ते बजाव रे...तेरे नान जात कहाँ के, बइसन वाला एडवांस काबर खाय रे, दई दूहू बियाला मुहजोरी करथे ते, अउ मुहजोरी करथ, सदे दूहूँ में बता देहों मुखिया होबे तो अपन घर के हावो, बात करवो तो दइ देहू बियाला...

बाप : अरे तोर लकड़ी मोर डाहर आगे रिहीस गा।

बुढ़वा : देख ना ददा मुखिया अब कथे।

बाप : का कथे।

बुढ़वा : मोहरीला देखे हस, ओला तो जमीन मे रख देहे अउ नानचुज ढेढा ला मुहूँ मे धर के का काहथे सो रो रो रो सोहांरी ला भेज।

बाप : कभू खायेच नइये का गा। ए पार ले फेंक देबो।

बुढ़वा : ओला सुन के दूसर उमड़गे, अतकी बड़ रथे का कथे बोला।

बाप : डमऊ।

बुढ़वा : अरे डमऊ हो के समऊ जी ओला कन्हीया में बाध लीस अउ का काहथे दी ही तब तो दीही तब तो, दीही तब तो। ओला देख के एक झन भीड़गे अतेक बड़ रथे।

बाप : ओला गुदूम कथें।

बुढ़वा : गुदूम होय के सुदूम होय का कथे तेला सुन ना कन्हिया में तो बाद लीस अउकोहनी में कोहनावत हे मिले ताहले गोंज गोंज के खा, गोंज गोंज के खा, गोंज कतेक गोंजबे ते, हमर का जाही सुसराल के जाही। ओला सुन के दूझन तो एकदम मिझरगे ददा।

बाप : कोने वोमन ?

बुढ़वा : झांझ अऊ दफड़ा देय दुवाय, झण का, देय दुवाय, झनका, झनका तो झनका, कोन तोला केहे बर काहथे। यहा तरपट के बाजरा आय हें।

बाप : बड़ा सत बोलिया बाजा लय इस गा।

बुढ़वा : त जी।

बाप : ले वाजा ला उहचे बाजन दे।

बुढ़वा : बजाव रे।

बाप : अब तेहा दूलहा ला सम्हरा के रख, हमन परधाय बर आवथन।

[बाप चला जाता है। बुढ़वा टेड़हा से मौर बँधवाने आता है]

ये ऊंघरा अबव आंखी ला खोल अऊ मौउर ला बांध। अरे हाँ

हाँ मोर मे बांध ददा मोर में ते कभू मौर बांधे हस नही जी ? सीधा बांध न गा अइसे...दे वाह बिहाव मोर होथे अउ गर्मी येला छाय हे दे पंखा ला। अउ होश में रहिबे।

[बुढ़वा मौर बाँध कर तैयार होता है]

बाप : ननकू मंडल के परछी ला लीप देहू अउ चोउक पुर के कलसा रख देहू जेवनास उहचे रखबो *(बुढ़वा को देख कर)* कस गा में तोला दूलहा ला सम्हरा केहेव त तही मौर ला बाँध ले।

बुढ़वा : ओहो तै कोन से जुग के मनसे अस।

बाप : इही जुगकेअन।

बुढ़वा : दुलहा डौका काला कथें।

बाप : मनसेल कथे।

बुढ़वा : में का घोड़ा, गदहा अब, नाहीं में तोला घोड़ा गदहा दिखथों।

बाप : अइसने वात करबे तो ठीक नई हो ही।

बुढ़वा : काबर ठीक नई होही। में तोला पूछथव पैसा कोनदीस।

बाप : पैसा तो तै दे।

बुढ़वा : अउ दूलहा डौका कोई दूसर बनहीथ, नही में ओकर बाप के लागत हो पूरा करहूँ।

बाप : अरे जा जा में अपन बेटी के बिदा नई करौं।

बुढ़वा : कइसे केहे, सुरताकर बातचीत करे के टाइम का केहे रेहे।

बाप : का केहे रेहेव।

बुढ़वा : में तोला सियान जान के देथव केहे रेहे ?

बाप : अच्छा तै मोला बात में फंसात हस जी।

बुढ़वा : मैं फंसाय हव के ते अपन मन के फंसे हस जी।

बाप : ले जा जा नई करन बिदा।

बुढ़वा : सोज में बिदा करेला पड़ही, अउटेड़गा में बिदा करेला पड़ही। छोड़ देबे दूसर के भोरहा। काहत लागे गाँव के सरपंच। छै महीना के फांसी चढ़ाहूं अऊ जत्ये सड़बे तभे उतारहूँ, अऊ उतारेंथ के तुरते गीधवा ला नेंव तेंव, ताहले तोर इती सिती

रेवा खेडे।

बाप : सरपंच ददा मोला फांसी झन देवा, हम बिदा करथन।

बुढ़वा : जल्दी कर ये देख जम्मो बजगे।

बाप : इहाँ कहाँ घड़ी उड़ी हे लबरा कहाँ के।

बुढ़वा : ते सरपंच हस।

बाप : नहीं।

बुढ़वा : तब बोला कइसे कानुन कायदा के घड़ी दिख जाही। कानुन कायदा के घड़ी भीतरे भीतर चलथे।

बाप : ठीक हे ददा चलाले, हम बिदा करथन। कहाँ वो मान्ती आतो बेटी, में बड़ा अलकरहा में फंस गेव वो।

मान्ती : का होगे ददा।

बाप : वो ससुराल नाम के गाँव से एकझन डोकर आय रिहीस, वो अपन नाती हे किहीस ओकरे बर तोर बातचीत करे रेहेव, अभी अपन एकझन आए हे अऊ मौर ला बाध लेहे अऊका कये तुरते बिदा करो नहीं तो छै महीना के फाँसी लगाहूँ कये मोर लाज ला रख ले बेटी मोला फांसी झन देवा।

मान्ती : ददा अऊकतेक पइसा लेहस।

बाप : पइसा लेबर तो मैं बीस हज़ार लेहों।

मान्ती : अच्छा करे ददा तोर एक झन बेटी तो बीस हजार लेहस दूझन होते न तो चालीस हजार हो जतीस।

बाप : नान चुन लइका तहूँ का हत हस वो।

बुढ़वा : हाँ नवा बीस पइसा देहों गोल गप्पा खाले कहिके।

बाप : ते चुप राह ददा तोर हाथ जोड़थंव।

बुढ़वा : बीस बीस हजार रूपीया हे का मामुली समझत हस।

बाप : नगीन, अगेश, श्यामा, माला इही तरफ आहू वो...

सब : हव। *(मान्ती को लड़कियाँ मौर बांधती हैं और गले मिलकर रोती हैं)*

बुढ़वा : बंद करो जी ये का रोना हे, ओर....रोना है तो सुर में रो...

बाप : जा बेटी येकर मुख ला टार...

बुढ़वा : चल रेंगवो

मान्ती : रेंगत तो हव।

बुढ़वा : पल्ला दौड़।

मान्ती : पल्ला दौड़ाये बर ले गथस।

बुढ़वा : नाहीं, लुहगी दौड़ाये बर ले गथों। तुम्हीं मन सोचो ददा हो पाँच सौ के बैला ले आन मजाल हे खाद में जूड़ा माड़ जाय पुछी उठा के पल्ला दौड़थे।

मान्ती : ओकर चार ठन पाँव होये।

बुढ़वा : तोर नइये ले तो एसे जमा।

मान्ती : वो बिन मुँह के जानवर ये।

बुढ़वा : हाँ उही ला लक्ष्मी कथे, हूदर डार कोचक डार, जरे जबान नई बोले, यहा चाय-चाय करत हस ते कोई लक्ष्मी हस माई लक्ष्मा हस, चल रेग...अरे मठकाता हस जान दे काहयो तो जान दे चल बैठ,...अब कइसे डर्राय रे तेंरे मारबुर के चोंगी रे परही लबडेना तो काय, काय करत भागबे, चल उठ उठथे अउ दबेगे, इसे दबा के रखता हूँ, उठथे अउ, बिलकुल दबगगे भाई।

टेड़हा : डबगगे।

बुढ़वा : हल डबूगे, आंला पसा ले अउ कलथा के खा ले, ...उघगे कथों तऽबगे कथे।

टेड़हा : बरा सोहारी, मिलही किहीस अउ कहीं नई मिलसे।

बुढ़वा : घर में चल ददा ताहले पेट भर के खा लेबे। ले चल उठ वो, तैं नई जानथस मोर सुभाव एक तरहा के हे, उठथे अउ। देख मैं कहि देंव मोर तीन गिनते तक उठ जाना चाही। उठथे अऊ एक, माँ कसम एक होगे, उठथे अऊ दो बाप कसम, दो हो तीन अब होने वाला हे, लेना गीन तेंव ते अभी तक कतको ला गिन उारतेंथ अरे लक्ष्मी मोटर गाड़ी में टाइम हो ही ते...अरे उठगे वो चलधर में आज तोर मजा नई बता तो मोरो ना...*(खाँसता है)*

मान्ती : उही पाय के कथों सियान आदमी धीरे गोठिया...थाम्हे राह, थाम्हे राह।

गीतः *रोई रोई काटिहौं में राती बो दाई मोर, रोई रोई काटिहौं मैं राती।*

आये जवानी ला कहाँ लेगौं दाई मोर, रोई रोई काटिहौं मैं राती...

का करि डारेव, का करि डारेथ, का करि डारेव ददा
का करि डारेव गा मोर ददा गा।

बुढ़वा : *जैता में रे पंडवा जनम धरे मालीक, जैता मेरे पंडवा जनम भाई।*

मान्ती : *कंकड़ चुन चुन महल बनाए भैया, सिरमिट चूना कर गारा रे भाई*

काला परन दीन ये मर हर जाही.... माटी के होहीहव सहारा

बुढ़वा : अरे बंद कर, शादी बिहाथ ला रहन दे पहिली तोर मोर नियाय हो जाए।

मान्ती : काके नियाव।

बुढ़वा : काली परन दीन कोन मर जही।

मान्ती : तै मर जावे।

बुढ़वा : का तोर करा संमस आय हे।

मान्ती : येमा सम्मस के का बात हे, आज नई मरबे तो दू चार दिन के गेये ले मरबे फेर मरबेच।

बुढ़वा : चल हट हमर मरे के मन नइये, डाक्टर करा जाके अतेक मोटा सूजी लगईगें।

(मान्ती गीत गाती है)

काली परन दीन ये मर हर जाही, माटी के हौइ हौं सहारा वो...
ओय जवानी ला कहाँ ले गौ...
दुख के सुनत ले गा मर जइतें व ददा, दुख के सुनत लेगा...2

बुढ़वा : *कहवाँ में रहिथे रइया बरम देव कहवाँ में रहे गोरईयाँ*
कहवाँ में रहिथे बार बरम देव रन बन रन बन होरे......

तुम खेंलव रे डोकरा रन बन रन बन हो रे........
दे नारियल।

मान्ती : काबर

बुढ़वा : मोला गौरा आय हे.....ये जवारा ये।

मान्ती : जवारा काहथे।

गीतः *आये जवानी ला कहा ले गव दाई मोरर रोई रोई काटिहौ मैं*
राती रे भाई

बुढ़वा : *अरे र र भाई...पातर पान बबुल के केरा पान दलगीर*
पातर मुँह के छोकरी तब बात करे बड़धीर

(बारात वापस होती है)

गीतः *मोटरा ला वोही के रे दारी चलो हमारे देशे,...2*
देशे ला देखि आइबे मजाला मारे अइबे वो...2
हमरे देशे में रे दारी असल असल डौका...2
करिया ला लेबे रे दारी करियाला दइबो वो...2
गोरिया ला लेबे रे दारी गोरिया ला दइवो रे...2
करिया के लेकवत दारी के मन कचुवा वो...2
गोरिया के लेवत दारी के मन रजुवा थे...2
दार भात के रंधना रे दारी अऊ पानी के अंधना...2
राहेर काड़ी के रुंधना रे दारी चिक्कट माटी के छबना के...2
मोटरा ला बोही के दारी चलो हमारे देशे वो...2
चलो हमारे देशे...2
देशे ला देखी अइबे मजा ला मारी अइबे वो मजाला मारी अइबे

।। मध्यान्तर।।

गीत

ठरगे जवानी रे समय, ढरगे जवानी रे
अगा बुढ़वा कातरो अगा बुढ़वा कतरो

चढ़ाबे रे लाली नई चढ़े बानी रे समय ढरगे जवानी रे
बालक रेहे बल कइया कहाये, जवानी में मन मस्तानी रे
अगा बुढ़वा आए बुढ़ापा, अगा डोकरा आए बुढ़ापा, सोचन लागे
मन ही मन पछतानी रे समय ढरगे जवानी रे..........
गयेला नवल राज धान लानेव बाढ़ी रे
अगा भैया आधा के मै, रोक लियेव
आधा उधारी रे समय ढरगे जवानी रे
ढरगे जवानी रे समय, ढरगे जवानी रे......
अगा बुढ़वा कबरो अगा डोकरा कतरा चढ़ाबे लाली नई चढ़े बानी......

मंगलू : घर में हावव जी।

बाप : कौन हव जी हावन, हावन।

लड़का : हमन का सुनथन।

बाप : का सुने हव।

मंगलू : लड़की के बिदा दूसर संग कर दे।

झंगलू : हमन पैसा जोड़े में लगे रेहेन।

बाप : जिनगी भर रस्ता देखत बइठे रहिबो, बाते बात में शादी बिहाव नई होय।

मंगलू : कतेक मुस्किल में हमन पैसा जोड़े हन।

बाप : कहाँ हे पइसा देखाव।

मंगलू : तेहा तो लड़की ला दूसर संग बिदा कर दे तोला पइसा देखा के का करबो।

लड़का : तैं तो अपन जबान ला छोड़ दे हस।

मंगलू : नहीं जी एकर चोंगी माखुर बंद करौ अऊ ऐला जात से अलग करो।

झंगलू : महूँ देख लेहूँ *(आस्तीन चढ़ाकर)*

लड़का : तैं चुपराह हम लड़की ले बर आय हन लड़की ला ले के जाबो

चाहे कुछू हो जाए।

मंगलू : बिल्कुल तभे हमरो बानी हे।

झंगलू : घर में लड़की हइच नइये काला लेके जाबो।

मंगलू : भगा के लानबो जहाँ भी होही।

बाप : कहाँ होही देना पड़ही में होही।

लड़का : काय के हे।

बाप : अरे भाई ओकर गाँव दुरिहा हे, वोहा ससुराल गाँव में रथे, तुमन ओला रस्ता में देना पड़ही में पहुँचा सकहू, चाहे कइसनो होय ये दूनो के सरहद में मिलहीं।

मंगलू : अइसे चलो रे।

बाप : अउ मोर पइसा।

लड़का : चल तहूँ संग में कोन मेर हे देना पड़ही तेला बाता बे।

बाप : में कहाँ जाहूँ भई तुम्हर संग लड़ाई झगरा में।

मंगलू : नाहीं सियान तैहा समझा देबे तो लड़ाई झगरा नई होही।

बाप : पइसा हे तुम्हर करा।

झंगलू : अरे है ना भई ये दे धरे हव।

बाप : देखाव तो भला।

झंगलू : सबो पइसा ला ये ला धरा दौं जी।

लड़का : नई अभी कुछू देके जरूरत नई हे।

बाप : काबर।

मंगलू : देख सियान पइसा तो हमर करा हे, फेर एक हाथ में लड़की दे अउ दूसर हाथ में पइसा ले।

बाप : हाँ ठीक हे फेर पइसा हे ना तुम्हर करा।

झंगलू : आ खुसर जा पाकीट में।

बाप : तव फेर चलो, फेर मोरो बात मानहू तथा बनही।

[कान में कुछ कहता है और चारों चले जाते हैं]

गीतः करसा सिंगारौं भैया रिग बिग सिग बिग वो रिग बिग सिग बिग।

बहिनी सिगारौं भैया रतन पिंयरी
काहे लागे दीयना काहेन लागे बाती, काहेन लागे बाती
काहे के तेल जलै सारी राती, काहे के तेल जलै सारी राती
सोने कर दीयना रूपन लागे बाती, रूपन लागे बाती
सरसों के तेल जलै सारी राती, सरसों के तैल जलै सारी राती।
एक पतरी रैनी भइनी राय रतन वो दुर्गा देवी, तोहरे सीतल छाँव,
चौकी चंदन वो पिढ़ली, गौरी के होथे मान, जैसे गौरी वो मान तुम्हारे
तइसे पोखन के डार मड़वा असन डोहड़ी पर्वत छिछ लगे डार
पाने ला खाथे वो फूल पहिन के खेले सगुरी के पार...5 *(पाँच बार रिपीट)*

बारे डड़इया मोर बड़ रंगरेली वो चढ़े वो लिमन के डार.....2
लिमवा के डारा मोर टूट फूट जाइहैं वो तिरनी गई छरियाय...2
कौन सकेले तोर नौ मुठ तिरनी वो कौन सकेले लंबा केश...2
सइयां सकेले तोर नौ मुठ तिरनी वो देवर सकले लंबा केश...2
कहंवा
धोवाबो तोर नौ मुह तिरनी वो कहवा धोवाबो लंबा केश।
समुंद धोवाबो तोर नौ मुठ तिरनी वो गंगा धोवाबो केश... लंबा केश
कहंवा सुखाबो तोर नौ मुठ तिरनी वो, कहंवा सुखाबो लंबा केश.....2
ड़गनीं सूखा वो तोर नौ मुठ तिरनी बइहा सुखाबो लंबा केश...2
ओबरी ओबरी नौ से ओबरी वो, जहा उड़इया ला धांधे।...2
ओबरी से निकले डबइयार वो अंगना बटोरे
कइसे के मैं निकलव ससुरे हो, कोखन धारो रोइथे।...2

कोखन धारो, बारे उड़इया, वो लड़ुवा धरइथे।...2
लाले लाले बर छा लाले हो कमार, लाले हे इसर राजा घोड़ा असुवार
घोड़वा कुदावत इसर पैया वो लरकिगे, गिर परे माथा झेले फूले हो लाल
नदिया भीतर के जलहर टेंगना जाही बइठे वो जस मोतीन के अंछरा
छोड़ो छोड़ो रे टेंगना मोरो रे अंछरा ला मोर घर ननदी बिराजे हो लाल
ननदी ला दइबो टूकनी अऊ सूपली, खेलत खेलत गैंद भुलाय
सुतौ गौरी मोर सुतौ गौरा वो सुते वो शहर कई लोग।...2
सुतौ गौरी मोर सुतौ गौरा वो सुते वो शहर कई लोग।...2
सुतौ बैगा मोर सुतौ बैगिन वो सुते वो शहर कई लागग।...2
हम धन सोइबो दाई मइया के कोरवा वो चंदा ला दइबो अशीस।...2

बुढ़वा : हाय बाप रे, मन माड़े पीट डारे, फुरसुद लागीस वो।

देवार : ये रमदसिया सूरा ला कुंदरा में कर देबे वो।

बुढ़वा : अरे रमदसिया के बच्चा, तोला कब से चिल्लात हौ तोर आखी में सुनई नई आय।

देवार : आँखी में सुनाही के कान में मालीक।

बुढ़वा : अरे हव रे कान में। गलती करथस अउ मुहजोरी करथस, का नाव हे तोर रे...।

देवार : लिखवे।

बुढ़वा : नाही ता छोड़ देहूँ।

देवार : लिखले...।

बुढ़वा : चल बता। तोर नाम।

देवार : कंइचू।

बुढ़वा : कहाँ रहिथस।

देवार : कंइचू।

बुढ़वा : यानी में जतेक पूछहूँ सब कंइचू ए।

देवार : नई आय तो अँगूठा चपक ले।

बुढ़वा : हव अँगूठा चपक लेव, नहीं ते तमाम रजिस्टर भर कंइचू कंइचू लिख डारौं।

देवार : तोर मरजी के बात हे भई।

बुढ़वा : अउ मरजी के बात हे कथस, देवार तो वो रिहीस, काहत लागय रामचंद।

देवार : रामचंद ला केहे, वो तो मोर सग ससुर ए हाँ...हो।

बुढ़वा : होही रे, जहाँ कहूँ एक झन के नाव ला ले, ताहले वो तो मोर कका ये मोर ससुर हाँ केर हो।

देवार : नहीं तोर ससुरये।

बुढ़वा : वाह मारिहौ ते, अरे तुम्हर जात के बानी ला कहीथों।

देवार : का होथे तेमा।

बुढ़वा : अरे मैं काहत रेहेव, रामचन्द्र के गाना बर, केहेव भारी महीफील में बैठार ले अलग से चीन्ह के निकाल ले।

देवार : महूँ ला चीन्ह लेबे फेर अकेला में बैठारबे भई।

बुढ़वा : अकेला में को नई चीनही रे। में ओकर गाना बजना के तारिफ करथों।

देवार : में ओकर ले बढ़के हव।

बुढ़वा : ले तो ओकर गाना ला सुना।

देवार : ते नई पतिया मालीक, एक दिन के बात ये में रुंजू ला धरके जात राहथ तुम्हर मुहाटी में तोर दाई खड़े राहय, मोला देख कथे अरे कहाँ जाथस केइचू माँगे रवाय बर जाथों गौटनीन केहेव। अड़बड़ दिन होगे तोर मुहूँ के गाना नई सुने हंव कथे।

ते तो मोला मौका नई देथस गौटनी केहंव
आना रे सुना दे कथे
में द्वारी में बैठत राहव

ये परछी आना रे किहीस अऊ बोरा ला बिछाईस
में अटिया के बोरा में बइठेव अउ मलक के रुंजू ला बजाएव तो
अह...
तोर दाई मोहागे मालीक

बुढ़वा : वाह मार मारिहो मोर दाई मोहा ही बे।

देवार : इमान से मालीक पाँच बरा दीस मोला।

बुढ़वा : में तोला दस बरा देहू, फेर उही गाना ला गा जेभा मोर दाई मोहाय रिहीस।

देवार : केंवटीन के ?

बुढ़वा : कोन केंवटीन के रे।

देवार : गाना ला कथों।

बुढ़वा : चल सुना...

देवार : अयं...मालीक लासा धरेहस।

बुढ़वा : तोर ददा धरे।

देवार : अतेक बड़ मालीक करा लासा नइये।

बुढ़वा : हव जतेक बड़े आदमी हे वोमन तूहर बर लासा धरही तब तूम्हर रूंजू बाजही।

देवार : अयं...मालीक रूंजू छंडत नइये।

बुढ़वा : में कइसे करवं।

देवार : येमा एकनी थूक लगा दे तो।

बुढ़वा : वाह मार मारिहो तेरे नानजात कंहिके, तोर समान में थूक लगाहूँ रे।

देवार : छंडत नइये कथों।

बुढ़वा : ओला में का करहूँ।

देवार : *अयं...बारा बरस केरे केंवटीन हूरी ठमकत चले बजार।*
चला ला फोरी फोरी केंवटीन पसरा ला दिये लमाय
वाह केंवटीन के रे अभरन नाव, गांथ ले फूदरी किंजर ले गाँव
खोरी गोड़ में चूरा पहिरे बूची कान में ठार

कांनी आखी में काजल आंजे ठमकत चले बजार
अऊ भरे नदी में घोड़ा कुदाय जी...

बुढ़वा : बस बंद कर, अउ ये दे सीधा रास्ता में निकल जा।

देवार : वो रास्जता में तो रोज आवथो। का होगे तेमा।

बुढ़वा : में तोला पूछथो, कते घोड़ा हे भरे नदिया में दौड़ गीस होही।

देवार : तइहा के सत रिहीस।

बुढ़वा : अच्छा तोर केहे के मतलब हे पानी ठस रिहीस।

देवार : रिहीस होही. कथंव भई।

बुढ़वा : आदमी अभी के अउ बात करथस तैइहा के। अभी के ताजा समाजीक गाना आथे?

देवार : सोशल सांग।

बुढ़वा : शोशल सांग।

देवार : *(गीत) सुन...गोरिया साहब चल दीन तब, करिया साहब आइन...*

बुढ़वा : बंद कर, में तोला गाना सुनाय बर केहेव के काकरो उटका पुरान केहेबर केहेव।

देवार : का होगे तेमा।

बुढ़वा : ये का करिया, गोरिया रे।

देवार : सुन मालीक, पहिली हमर देश में गोरिया साहब राज नई करत रीहिन ओला गाँधी जी का स्याग्रह करके भगा नई दीस।

बुढ़वा : हव रे।

देवार : उही ला तो काहत हो।

बुढ़वा : देरवे, में मोला काहथेकाकाहत रेहेंव।

देवार : तभे तो काहथों दाउ कइसे भकला हे कहिके।

बुढ़वा : कोन भकला हे।

देवार : ओ अंगरेज मन।

बुढ़वा : हां वोमन रिहीन।

देवार : देख बीच में छेड़बे मत, मोर सुर बिगड़ जथे।

बुढ़वा : वाह रे सुरीला।

देवार : सुन मालीक

गोरिया साहब चल दीन तब, करिया साहब आईन
सूट बूट नकटाई ला जम्मो फैसन ला चमकाईन
बाई ला अपन मेम बना के, बाइस कोप देखाईन
संस्कृत भाषा कठिन लागीस, अंग्रेजी गोठियाईन
जम्मो भाषा ला खिचड़ी करके, लफ्सी असन खाईन
दूध दही गोरस छोड़िन, भेजी टेबल खाईन
अउ सत्य अहिंसा डाहर ले जी गांधी जी समझाईन
रामा हो अइसे काहय मालीक।

बुढ़वा : ये ला कोन काहय रे...

देवार : तोर दाई के दूलहा काहय।

बुढ़वा : वाह मरई मारहू ते, तोर बाप ला देख डारबे।

देवार : एकक ठन ला चेंद चेंद के पूछत रहिवे।

बुढ़वा : काकरो बाप दादी ला उगड़बे बे....।

देवार : मोर देवारिन आही ते कहि देबे में ओला राखवं नहीं।

बुढ़वा : में तोर ठेका लेहौं ओला बताय बर जाहूँ।

देवार : ओला कहि देबे में बहुत गुस्सा में हव।

देवारिन : (*गीत*)

तोला कोन बता ही रस्ता, तोला कोन बताही बाट दयालू अगोर तो ले ले
पान सुपारी नरियर धर के तोर पूजा ला करिहौ
भाव भजन मन चित लगागे, सुन्दर पाथ ला परिहौ
तैहर मोला बानी चढ़ाझन, तोरेच जगह में मरिहौं
अगोर तो ले ले अगोर तो ले ले वों....

देवार : बोला बता देबे में कहि देथों।

बुढ़वा : में तोर नौकर नई लगे हंव, मिलही ते बता देहूँ।

[देवारिन टोकरी सहित बुढ़वा से टकराती है]

देवारिन : तोर उमर भर चरिहा ला नई देखे हस, झटके परथस।

बुढ़वा : आके झपाना अउ उल्टा मुहीं ला दोष देथस। रख ये करा आज देखहूँ तोर टूकना ला, अइसन तोर टूकना है।

देवारिन : अई ते इ ही गाँव केस।

बुढ़वा : हव में तो अवारा अंव अवारा।

देवारिन : का कथे।

देवार : गुंडा अंव कथे।

बुढ़वा : वाह मारिहौं, कोन गुंडा ये रे।

देवारिन : अभी नई केहे हस।

बुढ़वा : ये गाँव में रथों, इहां के मुखिया, शर्मा साहब शुकूल।

देवार : अइसने में हो जबे चुकूल।

बुढ़वा : ते चुप रा भई।

देवार : अई ये हा कोने।

बुढ़वा : मोर बाई ये।

देवारिन : तोर दाई ये।

बुढ़वा : ओहो मोर बीवी ये वो।

देवारिन : अच्छा तोर दीदी ये।

बुढ़वा : लेना समझीस तो अइसे, अरे बीवी वो बीवी।

देवार : डबल बी कथे भैरी।

देवारिन : डबल बी ए, तब ये मेर काबर बैठे हे।

बुढ़वा : मुरधूमी मताय हे, अभी शादी करके लाथों।

देवारिन : अई देख तो वो अभी शादी करें हव कथें।

देवारिन : तेहा शादी करे हस।

बुढ़वा : अरे ह्रव भई मेहाशादी करे हव।

देवार : मेहा येला देख सकथों।

बुढ़वा : ऐसा मारमारिहो तेरे नान जात, मेहा अभी शादी करे हव तेहा देखे नई हव, तै देख सकथस रे।

देवार : सूरत ला कथो।

देवारिन : शकल ला देख हूँ कथे।

बुढ़वा : हमला नई देखाना हे शकल वकल।

देवारिन : का नाँव है।

बुढ़वा : नाम सुनबे मान्ती फेर एक नई मानना हे।

देवारिन : वो पढ़े लिखे नई होही।

बुढ़वा : पढ़े लिखे इस्टूडेंट।

देवारिन : का कथे।

देवार : बैंड पार्टी वाला ये कथे।

बुढ़वा : हव ले जवे नचाय वर, इस्टूडेंट कथों ता।

देवारिन : काला कथे।

बुढ़वा : पढ़े-लिखे आदमी ला कथें।

देवारिन : का पढ़े हे।

बुढ़वा : पहली, दूसरी, तीसरी, चौथी, पाँचवीं, छठवीं, सातवीं, आठवीं, नाइन, मैट्रिक। अई नोनी हा मेटे के टिरीक पढ़े हे वो।

बुढ़वा : हव दुनिया के जतेक पढ़ाथें वो मेटेकेटिरीक पढ़त हों हीं।

देवारिन : जब वो मैट्रिक पढ़े हे तब तो तै ओकर से जादा पढ़े होबे।

बुढ़वा : अरे जब वो मैट्रिक पढ़े तब हमला का पूछत हस ओकर ले जादा।

देवारिन : का पढ़े हस।

बुढ़वा : एमे ले।

देवारिन : कामा ले।

बुढ़वा : वोहो तें नी समझस वो।

देवारिन : तै बताब तो हम नइ समझवो।

बुढ़वा : एमा ले, ताहले एमा ले, अऊ दूनो भर जाय ताहले तुम दोनों ले लो।

देवारिन : अई ये बिद्याए।

बुढ़वा : नोहे जादू मंतरए।

देवारिन : कहाँ सिखे रेहे।

बुढ़वा : गे रेहेथ कंवरू कमक्षा।

देवारिन : तब तो तोर कुला में कउद होही।

बुढ़वा : खबरदार कउद बउद कहिबे ते।

देवारिन : में ये नोनी ला गोदना गोद देथों।

बुढ़वा : अरे भाई ये गोदना वोदना नई भाय वो।

देवारिन : हिन्दू कुल में चलथे मालीक।

बुढ़वा : अरे ये कर करा चले तब।

देवारिन : गोदनाहा बैकुंठ जाथे मालीक।

बुढ़वा : हौव, सुन ले रहव जे गोदना गोदथाथे वो बैकुंठ जाथे। अऊ जे नई गोदवाय वो रायपुर ले वापस आ जाये। अइसे गोदना लाय हें।

देवारिन : मेहा गोदना गोदत गोदत, ओकर मुड़ी में मोहनी डार देहूँ। ताहले तोर पाछू पाछू किंजरही।

बुढ़वा : अरे का पादू पाछू किंजरही वो अभी तो में ओकर पाछू पाछू किंजरत हो।

देवार : किंजरही मालीक मोर देवारिन हा चार प्रकार के मोहनी जानथे।

बुढ़वा : कोन कोन से प्रकार ये रे।

देवार : सुन मालीक मोहनी में मोहा जाही, जुगती में जोगाजाही, चापा में चपिया जाही। अऊ लटकना में लटक जाही।

बुढ़वा : बस वो लटक जाही ना उहीं ला डारो।

देवार : ते ओला गोद वो में डोकरा ला गोदत हो।

बुढ़वा : अरे हमला नई गोदवाना हे।

देवार : में तोला हनुमान बना देहूँ।

बुढ़वा : हौ ताहले लंका कूद कहिवे।

देवार : तोर सकती के बात हे भई।

[गीत में बुढ़िया आती है]

देवारिन : *गीत* *मोर दुलौरीन बेटी वो दाई, मोर दुलौरिन बेटी*
तोला का गोदना ला गोंदव वो मोर दुलौरिन बेटी
पावे में गोंदव छैल छबीला मांड़ी में गोदव मन ला
छाती में गोदव कृष्ण कन्हैया सुध राखले तोर तन ला....
तोला का गोदना ला गोदथ वो मोर दुलौरिन बेटी

देवारिन : होगे मालीक।

बुढ़वा : के पइसा देंव।

देवारिन : तै जान भई।

देवार : मालीक ए डाहर आतो।

बुढ़वा : काय रे।

देवार : पइसा ला बोला झन देबे।

बुढ़वा : काबर।

देवार : पान खा के थूक दी ही।

देवारिन : मालीक सुन तो।

बुढ़वा : काये वो।

देवारिन : ओला पइसा ला झन देबे।

बुढ़वा : काबर वो।

देवारिन : वो शराब पी के फूक दीही।

बुढ़वा : अरे तब पइसा ला न वोला देंव न तोला देव, पइसा इंहचे रही। जिहांहेतिहां।

देवारिन : एले तै जिहांगे उहां बिगाड़े वो।

देवार : कोन बिगाड़ीस वो।

देवारिन : तोला मैं नई जानथो।

देवार : अउ में नई जानथो तोला।

देवारिन : सुन मालीक।

देवार : मोरला सुन मालीक।

देवारिन : मोर डाहर ला सुन मालीक। *(चार-चार बार)*

बुढ़वा : अरे दूर हट के बात करो आँखी कान फोर डारहू।

देवारिन : सुन मालीक ननपन के में एकर घर आयेव, एकक टीकली ला जोड़ के ये दे सोना ला पहिराव हो।

देवार : हौ एकरे आय ले में सोना पहिरे हव, नहीं ते कहाँ पावे लोहा ला अरोये अरोये घूमत रहौं।

देवारिन : हमू एक ठन लक्ष्मी अन।

देवार : हमू एक ठन लक्ष्मा अन।

बुढ़वा : अरे लक्ष्मी लक्ष्मा हो तुम्हला मोरे कोठा दिखीस रे।

देवारिन : ते का लक्ष्मा अस।

देवार : ते का लक्ष्मी अस।

देवारिन : लक्ष्मी तीन प्रकार के होथे।

देवार : लक्ष्मा घलो तीन प्रकार के होथे।

देवारिन : ले तो भला बता।

देवार : ले तो तिही बता।

देवारिन : सुन मालीक, एक ठन धन लक्ष्मी, एक ठन गऊ लक्ष्मी, अऊ एक ठन डौकी लक्ष्मी।

देवार : अब में कइसे करहव।

बुढ़वा : तै दात ला गिजोड़ दे।

देवार : मोरो ला सुन मालीक एक ठन सूरा लक्ष्मा, एक ठन बइला लक्ष्मा, अउ एक ठन डौका लक्ष्मा।

देवारिन : अइसने सब कथें।

देवार : दुनिया काहय चाहे झन काहय हन तो कहिथन।

देवारिन : ले में चल देहू।

देवार : जाना वो जावे ते।

देवारिन : मैं अपन लइका ला नई छोड़व।

देवार : का लड़का तोरे वो।

देवारिन : नहीं तोर ए हम दस महीना ले ओद्र में बोहेन तब लइका हमर नोहे त तोर ये।

देवार : हट लबरी लइका ला का तै बोहे, इमान से मालीक लइका ला

में बहेव।

बुढ़वा : तै कइसे बोहे रे।

देवार : सुन मालीक, हमर डेरा हा चार चार महीना में उसलथे नहीं जी ए भाठा ले ओभांठा तब में लइका ला सूरना पीला सन कांवर में बोह बोह के घूमाय हव।

देवारिन्न : सूरा पिला सन टूकना में बोहे हस तेला बोहइ कहीं हम दस महीना ले ओद्र में बोहेन थन धर के दूध पिलाएन तब लइका हमर नोहे तब का तोरे।

देवार : लइका ला तै पिलाए हस।

देवारिन : नही तै पिलाए हस।

देवार : हट लबरी कहाँ के इमान से मालीक लइका ला में पिलाए हव।

बुढ़वा : वाह मार मारतीस, बहुते के अन्यान ला कइसे सहिबे। ते काला पिलाए।

देवार : सुन मालीक आज कल निकले हे रबड़ वाले। पानी में घोर के बोतल में भर दे अउ रबड़ लगा के मुहूँ में दताथे।

देवारिन : हव में चल देहूँ।

देवार : जाना जाबे ते।

देवारिन : में तोर मुड़ी उपर हांथ मढ़ा के काहथो मालीक में एकर घर रहिबे नई करथं।

बुढ़वा : शर्मा साहब शुकूल होगे अब चुकूल।

देवार : देखे मालीक थोर बड़ कसम खाथे, मैं ओकर ले कमती हव, महूँ कसम खाथों दस बाप के होही तेहा तोला राखही *(वह भी शर्मा के सिर पर हाथ रखता है)*

बुढ़िया : ए मालीक सुन तो, मैं इंकर एक एक ठन बात ला जानथों।

बुढ़वा : ये डोकरी तुम्हर सब बात ला बताही।

बुढ़िया : महूं ला एकनी मढ़ा बन देबे मालीक।

बुढ़वा : नइये दाई तोर यपोल के लाइक नइये।

बुढ़िया : एक्को डिसमिल नइये।

बुढ़वा : ये खेत खार ये तरुवा में डीसमिल खोजबे।

देवारिन : हव में चल देहूँ, महूँ बानी बाले के बेटी आव, में तोर बिलबा, बिलबा, मास ला नई देखौं।

देवार : में तोर छइहां ला नई देखथ, तोर कुछू ला नई देखंव।

देवारिन : देखे मालीक तोर छइहां ला नई देख कथे, में छूट जहूँ ते छूट जहूँ मोर लोग लइका छूट जही।

बुढ़वा : में छूट जाय काहथों वो।

देवार : बने समझा दे रे नान जात के।

बुढ़वा : वाह मार मारिहो, ते कोन नानजात के रे।

देवारिन : हव में चल देहूँ, मालीक में एकर फदीता करके जाहूँ।

देवार : अउ का फदीता हा बांच गे हे वो।

देवारिन : में अपन लूगा ला खोल दे थंव।

देवार : खोल देना खोलबे ते।

बुढ़वा : अरे नहीं वो नहीं वो।

[बूढ़ा आँख बंद कर देता है। देवार मान्ती को लेकर भाग जाता है]

बुढ़वा : *(मान्ती को देखकर)* मान्ती मान्ती वो ये मान्ती *(चिल्लाता चला जाता है)*

[मंगलू आता है। पीछे से बाप पकड़ लेता है]

बाप : रख दे पइसा कहाँ भागत हस।

मंगलू : अरे छोड़, का केहे रेहे अपन जबान के सुरता कर का केहे रेहेव।

झंगलू : एक हाथ में लड़की ले अउ दूसर हाथ में पइसा दे केहे रेहे नहीं।

बाप : फ़ेर पइसा मोला कहाँ मिले हे।

मंगलू : पइसा तोला मिलगे हे वो डोकरा करा ले अउ दूसर हांथ में लड़की दे देय वो झंगलू ला।

[मंगलू भाग जाता है और बाप वहीं रह जाता है]

बाप : अरे मोला धोका देके कहाँ भागबे तोला पहुँचाहूँ नई।

[दूसरी तरफ़ से मंगलू आता है और मान्ती का हाथ झंगलू के हाथ में देकर चला जाता है। दोनों झूम-झूम कर गाते और नाचते हैं]

गीत

बघनीला छीला मोर चंदा रे छबीला गा, बघ नीला...2
चंदा चंदा मोर पूनमप के चंदा, दिखे में लोग लागे छूवे में ठंडा
बघ नीला...
एक बोझा राहेर काड़ी पाँच के लकड़या, ले भागे टूरी ला मार
के नजरिया
बघ नीला.......
करमा सुने ला चले आबे गा, करमा में तहूँ ला मिला लेबो...2
नई दिखे गाँव गोढ़ा, नई दिखे रूख राई, खोजत-खोजत चले
आबे गा
करमा में तहूँ ला मिला लेबो...करमा
तोरे ददरिया अउ मोर करमागा, तोर धोती के अंछरा लिखे हे
मरना गा
मैहर गावथों तैहा आबे गा...करमा में तहूँ ला मिला...
इछल गे बिछल गे राहेर फूलगेगा मोर करिया ले देख के नजर
झूलगे गा
नरवा के तीरे तीर आबेगा, करमा में तहूँ ला मिला लेबो
करमा सुनेला चले आबेगा, करमा में तहूँ ला मिला लेबो
सास गारी देवे ननद मुह लेबे, देव बाबू मोर...
सैया गारी देवे परोसी गम लेके करा कुल फूल, केरा बारी में डेरा
देबो चले के बेरा...
आए बेपारी गाड़ी में चढ़के, तोला आरती उतारों थारी में धरके
चीकनी रे पइसा, ला बीन लेतेव, मोर साइकिल के चढ़इया ला
चीन्ह लेइतेंव.........
पहिरे ला पनही खाये ला बीरो पान, मोर रायपुर के रहइया
चलदीन पाकीस्तान
सास गारी देवे.........

गीत

धमाधा के राजा नोनी तोर कइसन लागे वो तोर कइसन लागे
लवर में लोर लोर तितुर में झोर झोर, हंसा रे करेला पान
राय झूम झूम झूमास पान, झूमर झा रे पड़की झूमर जा

अटकन मटकन दही चटाकन, लौहा लाटा बन में काटा।
सावन में करेला फूले, चंचल बेटी गंगा जाबो,
गंगा ले गोदावरी जाबो, पक्का पक्का बेल खाबो
बेल के डारा टूटगे भरे कटोरा फूटगे
बिहाती डैकी छूटगे
गोबर दे बछरू गोबर दे, चारो खुट ला लीपन दे
चारो देरानी ला बइठन दे, अपन खाथे गुदा गुदामोला देथे बीजा
ए बीजा ला का करहूँ, रहिजहू तिजा
तिजा के बिहान दिन सारी सारी लूगरा
चींव चींव नरियावे मजूर के पीला
एक गोड़ में लाल भाजी एक गोड़ में कचूर
कतेक ला मानव में देवर ससुर
हारे भौजी हारे रे लीम तरी पसारे रे
लीमा मोर भइया तैमोर भौजैरया
फूगड़ी रे फून फून फूगड़ी रे फून, फून, फून।

।। समाप्त ।।